BONGARDT-SEMINARE

Ing. (grad.) **HANS BONGARDT**

Personal-Trainer für Mittel- und Großbetriebe

5870 Hemer-Deilinghofen, Bäingser Weg 50

Telefon (02372) 60116

Auch diese 180 **BONGMOTS** wurden eigenschöpferisch formuliert vom Personal-Trainer Ing. (grad.) Hans Bongardt, zum überwiegenden Teil im Verlauf seiner zahlreichen Fortbildungs-Seminare.

Eine kleine Anzahl dieser **BONGMOTS** wurden in den vergangenen Jahren bereits in verschiedenen Presseorganen veröffentlicht (z. B. in SCOPE, Capital, HÖRZU . . .) stets mit Einverständnis des Verfassers.

Sämtliche **BONGMOTS** von Hans Bongardt erschienen bisher in 5 gleichartig aufgemachten Bänden zu je 180 **BONGMOTS**. Jeder Band kostet 8,– DM

VERLAG ING. H. BONGARDT

5870 Hemer-Deilinghofen · Bäingser Weg 50 · Telefon (02372) 60116

Band 5 = ISBN 3-922582-14-1

1

Geld ist fast noch wichtiger als Arbeit.

2

In Deutschland scheint es nach wie vor verboten zu sein, alberne Verbote zu verbieten.

3

Es gibt zahlreiche dumme Zufälle. Wo aber findet man wenigstens hin und wieder mal einen schlauen Zufall?

4

Auf die Salut-Schüsse bei der Ankunft dieses Staatsgastes hätte man durchaus verzichten können. Es hat ja ohnehin kein einziger getroffen.

5

Immer wieder gibt es höhere Gewalt. Aber wo bitte hört man mal was von höherer Zärtlichkeit?

6

Was ist das: Oben zwei Beine und unten sehr viele Haare?
(Das ist ein Eingeborener von Zentral-Liechtenstein beim morgendlichen Kopfstand.)

7

Die Schutz-Maske des Eishockey-Torwarts ist genau dem Gesicht angepaßt. Zumindest so etwa ab dem zweiten Drittel der Spielzeit.

8

Wußten Sie schon, daß auch TOTE RENNEN oft recht lebhaft verlaufen?

9

Trost nach dem Ski-Urlaub: So ein gebrochener Arm, das ist doch nun wirklich kein Beinbruch....

10

Der erschöpfte Bergsteiger hing an der Felskante, hoch über dem Abgrund. Und als endlich die Rettungs-Mannschaft eintraf, da hatte er nicht mal mehr die Kraft zum Loslassen.

11

Wie doch die Jahre vergehen: Die Kunstturn-Gold-Siegerin der vorletzten Olympiade wird im nächsten Frühjahr bereits konfirmiert.

12

“Vierfacher Salto? So etwas ist doch keine Kunst”, **sagte Joseph Beuys. Ausgerechnet er.**

13

Nun lesen Sie hier mal bitte, was jener Philosoph Georg Christoph Lichtenberg schon damals über diesen BONGARDT geschrieben hat:

“Viele Spötter meinen, reich an Geist zu sein und sind jedoch nur arm an Takt.”

14

Sogar unter Löwen findet man immer wieder schwarze Schafe. Insbesondere unter Bau-Löwen.

15

So ein Bauherr, der altert in jedem Baumonat um etwa vier Jahre.

16

Ist Ihnen schon mal aufgefallen, daß Zimmertüren fast immer direkt neben Lichtschaltern angebracht werden?

17

Im asozialen Wohnungsbau würde manch einer lieber mit offenen Augen schlafen, wenn er dafür nur die Ohren schließen könnte.

18

Von meinen Nachbarn werde ich recht unterschiedlich beurteilt: Die einen behaupten, ich sei faul. Die anderen hingegen meinen: stinkend faul.

19

Alle direkten Nachbarn können dies bestätigen: Direkte Nachbarn sind fiese Möpse. Nur die indirekten, also die übernächsten und so, die sind lieb.

20

Wußten Sie schon, daß die Haustürglocke erst im 17. Jahrhundert erfunden wurde, das Anklopfen jedoch schon um 1270 vor Christi?

21

Bei unserer letzten Brandstiftung neulich, da erschienen hier mit so einem großen roten Wagen gleich vierzehn Brandmeister. Doch leider kein einziger Löschmeister.

22

Bei manchen Baulöwen handelt es sich keineswegs um ehemals Vorbestrafte. Sondern ganz im Gegenteil: um ehemals nicht Vorbestrafte.

23

Pi, das ist jene Ludolfsche Zahl, mit der man einen mündlichen Kosten-Voranschlag multiplizieren muß, um herauszufinden, wie hoch wohl der Rechnungs-Endbetrag werden könnte.

24

Das WÄRMEPUMPEN-Prinzip ist an sich schon uralt: Man klingelt beim Nachbarn und pumpt sich einen Eimer voll Eierbriketts.

25

“Sie werden es vielleicht nicht glauben, aber ich habe früher selber mal gearbeitet”, **sagte der Abteilungsleiter zum Werkstudenten.**

26

Der neue Geschäftsführer hat bereits innerhalb der ersten beiden Geschäftsjahre mehr als 36 Millionen erwirtschaftet: An Verbindlichkeiten.

27

Wenn Vollblut-Bürokraten erst mal in den roten Zahlen stecken, dann spielt die Höhe überhaupt keine Rolle mehr.

28

Der Abgeordnete redete zwar nur sehr spärlich und selten. Jedoch WAS er sagte, das war erstaunlich banal.

29

In Bonn, da gibt es offenbar viele Epileptiker: Dauernd fällt da irgend jemand um.

30

Der Landrat redete dermaßen viel und gestenreich, daß allmählich Zweifel aufkamen, ob er denn überhaupt etwas zu sagen habe.

31

Der Kanzler bestimmt die Richtlinien der Politik. Wer aber bestimmt die Richtlinien des Kanzlers? Doch nicht etwa seine Schwiegermutter?

32

Wir haben jetzt eine Regierung, die so tut, als wäre sie eine.

33

Neulich im Parlament, das sollte ja ursprünglich eine historische Stunde werden. Es wurde dann aber nur eine hysterische.

34

Im Bundestag, da benimmt sich jeder so wie er es verlernt hat.

35

Die Regierung hat jenes ungeheuerliche Gerücht noch am gleichen Tage unmißverständlich zementiert.

36

Politiker hetzen von Termin zu Termin. Und im Parlament.

37

Unser Oberstadtdirektor ist so menschlich. Also wird man ihn wohl recht bald ablösen.

38

Ein Politiker will immer sichergehen, denn er fürchtet, er müßte sonst sicher gehen.

39

Wenn so mancher Minister entlassen wird, dann merkt man erst, daß es ihn überhaupt noch gegeben hatte.

40

Der öffentliche DIENST ist in einigen Bereichen bereits zum öffentlichen DUNST geworden.

41

Die schlagenden Verbindungen sind ein schlagender Beweis für Verbindungen.

42

Rechtzeitig zum 40. Geburtstag der DDR wird vom Erfurter Industrie-Kombinat GENOSSE SCHARFMACHER eine Rasierklinge entwickelt, die niemals stumpf werden kann. Die bringt nämlich bereits der Hersteller stumpf in den Handel.

43

Neulich im Wahlkampf tauchte die berechtigte Frage auf, ob man volkswirtschaftlich wertvolles Waschpulver mit genauso plumpen Reklame-Methoden anpreisen darf, wie man es mit Politikern macht?

44

Politik ist nun mal nichts für Frauen. Und erst recht nichts für Männer.

45

Wenn man mit ansieht, wie die da in Brüssel Politik machen... Also da kann man ja nur den Kopf unter den Händen zusammenschlagen.

46

Aber so ist es ja immer im Leben: Die einen, die verstehen was von der Sache. Und die anderen, die sitzen in Bonn. Oder in Brüssel.

47

Korrigieren Sie niemals einen Bundespolitiker. Warten Sie lieber ab bis er es selber tut.

48

“Und vergessen Sie bitte nicht, mich nachher daran zu erinnern, daß ich ganz dringend pinkeln muß”, **sprach der Minister zu seinem Staatssekretär.**

49

Zwar hatte dieser stellvertretende Landrat noch seine sämtlichen Weisheits-Zähne, jedoch nützte ihm auch das recht wenig.

50

Manche Politiker haben einen Intelligenz-Quotienten IQ, **der deutlich erkennbar oberhalb 60 liegt.**

51

"Der Klügere gibt nach", **sagte erwartungsvoll Dümmere.**

52

Es gibt da einen gewissen Regierungs-Präsidenten (der Name ist der Redaktion bekannt), der muß ein wahres Wunderkind gewesen sein: Bereits mit acht Jahren verstand er von allem schon so viel wie heute...

53

Er hatte vor vielen Jahren als einfacher Wachtmeister begonnen. Doch bald schon schaffte er dann den Sprung zum Bezirks-Serieneinbrecher.

54

Seitdem die Zuchthäuser abgeschafft sind, vermehren sich sprunghaft die Unzucht-Häuser.

55

Bei Mord müssen es immer zwei Zeugen sein, sonst gilt der Mord nicht.

56

Gibt man einem verurteilten Mörder Urlaub auf Ehrenwort, so darf man nicht vergessen, sich noch ein ZWEITES Ehrenwort geben zu lassen: Daß er während dieses Urlaubs möglichst keine weiteren Morde begeht.

57

Mein Nachbar wurde des nachts auf der Straße ausgeraubt. Aber der konnte noch von Glück sagen, daß er nicht ermordet, beleidigt oder gar verletzt wurde.

58

Ja glauben Sie denn wirklich, daß die meisten männlichen Touristen nur deswegen nach Kopenhagen fahren, um dort am Hafen eine gewisse JUNGFRAU zu sehen? Das Gegenteil ist der Fall!

59

Dort in St. Pauli, z.B.in der Herbertstraße, da wird dem gutgläubigen Bürger Abend für Abend eine geile Welt vorgegaukelt.

60

Damals im Paradies, die Sache mit Evas verlockendem APFEL... das wird wohl eher eine Pflaume gewesen sein... Das kann man auch ohne Ausgrabungen vermuten.

61

Ist auch Ihnen schon mal aufgefallen: Der millionste Besucher ist meistens eine FRAU. Außer im Eroscenter.

62

Eine herzliche Bitte: Wenn auch Sie eines Tages wegen sexuell abartiger Lebensführung in die Hölle kommen, dann bringen Sie mir doch bitte von ALDI ein Päckchen Kautabak mit... Vielen Dank.

63

Unser Chef hat im Vorzimmer nur eine einzige Sekretärin. Nur eine. Und zwar deshalb, damit man ihn nicht gerichtlich belangen kann wegen UNZUCHT MIT ABHÄNGIGEN.

64

Am meisten überrascht hat ihn immer wieder seine eigene Frau. Und auch am häufigsten.

65

Ich habe in Erwägung gezogen, eine Doktorarbeit zu schreiben über das Thema: DER BODYCHECK IN DER BEGATTUNGS-LEHRE. Wenn das klappt, dann wäre ich für den Rest meines Lebens ein Doktor.

66

Ob ich für eine Frau durchs Feuer gehen würde? Das hängt ganz von der Glut dieser Frau ab. Und vor allem von der des Feuers.

67

“Auf meine Tochter lasse ich nichts kommen”, **sagte der Firmeninhaber.** “Nur mein Schwiegersohn, der darf.”

68

Diese faszinierende Frau, die ging mir tief unter die Haut. Und ich wünschte, daß es umgekehrt sein könnte.

69

Hier in dieser Firma soll es einen Abteilungsleiter geben, der mit seiner Sekretärin kein Verhältnis hat... Wir kriegen schon noch raus, wer das wohl sein könnte.

70

“Nicht vom Geben, sondern vom Behalten werden wir krank”, **sagte der Stationsarzt, als er die Klistierspritze ansetzte.**

71

Labor-Analyse: SCHEISSE vom Menschen, in Frankreich genau wie in Deutschland, besteht im wesentlichen aus ... zwei Silben. Das haben internationale Wissenschaftler jetzt im Sprachlabor herausgefunden.

72

Früher erhielt ich nach meinen Seminaren sehr viele unflätige Telefon-Anrufe. Heute hingegen fast nur noch flätige.

73

Die meisten Kinder sind ehelich. Manche unehelich. Dann gibt es noch die HALB-EHELICHEN Kinder: Vater verheiratet, Mutter ledig.

74

Kontrast-Verdiener: Der Mann von ihr, der züchtet Chinchillas. Der hat also ein Zucht-Gewerbe. Doch sie hingegen, sie betreibt ein dazu genau konträres Gewerbe.

75

Über den 97jährigen Rockefeller hat damals sogar Hemingway dieses dicke Buch geschrieben: DER ALTE MANN KANN NICHT MEHR.

76

Unser Großaktionär lebt mit seiner dritten Frau in einem ehe-ähnlichen Verhältnis.

77

Weil dieser Assessor Norbert Zimmer immer wieder arglose Frauen auf sein Zimmer lockte, nannten ihn die Nachbarn alsbald nur noch den FRAUENZIMMER.

78

In LATEIN-Amerika, da werden die Massen des Volkes ausgebeutet von denen, die lesen und schreiben können. Bei uns hingegen von jenen, die LATEINISCH können.

79

Apricot Fremdwörter: Jeder halbwegs gebildete Mensch, der wenigstens das kleine Latrinum (mittelmäßige Reife)besucht hat, der kennt diese häufige Ausrede aller bürokratischen Unmenschen: ERRARE HUMANUM EST.

80

Wußten Sie schon, daß man bei Tschibo und bei Eduscho unter anderem sogar KAFFEE kaufen kann?

81

Je mehr Öchsle-Grade der Wein hatte, desto mehr Winkel-Grade hat dann die Schlagseite des Zechers.

82

Seinen Führerschein verloren hat nun erstmals auch ein führendes Mitglied des Guttemplerordens. Er muß ihm aus der Tasche gerutscht sein, als er eine volle Rumflasche angewidert auf den Sperrmüll schleuderte.

83

Das Schönste an einer SCHÖNEN FLASCHE WEIN ist oftmals nur das Etikett.

84

Nur immer hier rumsitzen und rumalbern, manchmal rummeckern und dauernd Rum trinken... ist das eigentlich alles was sie können?

85

Mit einer vollbusigen Sekretärin hat man auf lange Sicht mit Abstand die meiste Freude. Wohl bemerkt: Mit Abstand.

86

Ein Montage-Ingenieur, ist das jemand, der dann von Dienstag bis Freitag seine Tätigkeitsberichte schreibt?

87

Manche Kollegen arbeiten zwar sehr langsam, dafür aber außerordentlich oberflächlich.

88

**Vertrauen ist humaner,
Kontrolle ist sicherer.**

89

**Die Frau von unserem Chef,
die könnte besser
aussehen, wenn sie eine
andere Frisur hätte, bzw.
wenn sie überhaupt eine
Frisur hätte.**

90

**Bei so einem Abendessen,
da arbeiten allenfalls
die Därme.**

91

Unser Abteilungsleiter, der riecht zwar nicht besonders GUT, aber besonders BÖSE riecht er gottseidank nun auch wieder nicht.

92

Wenn sich hier ein Geschäftsführer nach dem anderen das Leben nimmt, dann beginnt allmählich sogar unser Betriebsrat ein wenig nachdenklich zu werden.

93

Alles immer wieder falsch zu machen, das wäre so ziemlich das Verkehrteste, was man überhaupt tun könnte.

94

Eine völlig neuartige Methode wurde jetzt entwickelt: Wie man REFA-Zeitnehmer dazu erziehen kann, künftig zügiger, sinnvoller und rationeller die Zeiten zu erfassen...

95

Menschenführung im Betrieb: Die Zuckerbrot- und Peitsche-Methode ist endgültig überholt. Denn wo bekommt man wohl heutzutage noch Zuckerbrot?

96

Manche werden hier nicht eingestellt, weil sie zuwenig wissen. Andere wiederum, die werden entlassen, weil sie zuviel wissen.

97

Für Fabrikanten gilt ebenso wie für Jockeys: Man darf nicht allzu groß sein, wenn man schnell sein muß.

98

Viele konservative Uhren-Fabrikanten sind arg betroffen: Denn der Vatikan hat nun auch die Spirale verboten.

99

Sozialismus ist das, was der breiten Masse den größtmöglichen Nutzen bringt. Demzufolge ist der Kapitalismus die zweckmäßigste Art des Sozialismus.

100

Wußten Sie schon, daß 100 % unserer Bevölkerung exakt 100 % des gesamten Volksvermögens besitzen? Noch gerechter geht es ja nun wirklich nicht.

101

Vieles ist im letzten Jahr billiger geworden: So z. B. die Preise für zahlreiche Aktien. Und es ging auch wieder aufwärts: Mit den Heizölpreisen.

102

"Diese Prokura ist jedoch bei Bewährung mit einer gewissen Tätigkeit verbunden", **sagte der Fabrikant zum Bewerber.**

103

Unser Chef, der kann irre schnell schreiben. Nur das Lesen dauert dann immer so unwahrscheinlich lange.

104

Ich bin so ein Mensch, der es ohne besondere Mühe schafft, auch mit noch so eigenwilligen und schwierigen Menschen in Sekundenschnelle heftigen Streit zu bekommen.

105

Wenn Ihr Chef die Stirn runzelt, dann handelt es sich gottseidank um SEINE Stirn und nicht um Ihre.

106

Wenn ich mich niemals mit meinen Vorgesetzten überworfen hätte, dann brauchte ich heute weitaus weniger Einkommen-Steuer zu zahlen...

107

Besonders eklatante Fälle von Schwarz-Arbeit findet man immer wieder in Afrika. Dort vor allem in den Kohlegruben.

108

Wenn Schwarzarbeiter ihrerseits wiederum Schwarzarbeiter beschäftigen... also noch schwärzer geht es ja wohl nun wirklich nicht.

109

Wir haben jetzt endlich unsere Großtante beerdigen lassen. Unwahrscheinlich günstig im Preis. Jede Menge Prozente. Haben wir unter der Hand machen lassen. In Schwarzarbeit.

110

Jenen Menschen, denen wir mal bitter unrecht getan haben, denen verzeihen wir das nie.

111

Das Geheimnis meines außergewöhnlichen Erfolges? Absolute Integrität, harte Arbeit und unermüdlicher Fleiß... all derer, die für mich tätig sein dürfen mußten.

112

Wenn der Mensch schon mal denkt, was selten genug vorkommt, dann denkt er fast immer nur an sich selbst.

113

Was uns im Leben immer wieder weiterhilft, das sind die edlen menschlichen Tugenden. Vor allem die unserer Mitmenschen.

114

Wenn es wirklich sein muß, dann kann der Mensch auf so ziemlich alles verzichten; nachts sogar auf sich selber.

115

Bevor man vor der eigenen Tür kehrt, sollte man zunächst mal nachsehen, ob nicht vielleicht irgendein Nachbar Dreck am Stecken hat.

116

Je geiziger jemand ist, desto älter wird er allmählich.

117

Ein Taxi mit 32 Schotten stürzte in eine 55 Meter tiefe Schlucht. Die Schlucht kam mit dem Schrecken davon.

118

Am Klopapier sparen, also das wäre wohl Sparsamkeit am verkehrten Ende. (Denn auf Haarwasser kann man doch eher verzichten.)

119

Früher habe ich mir immer selber die Haare geschnitten. Und dies sogar mit äußerst einprägsamen Resultaten.

120

AFTER SHAVE ist schon deswegen mühsam und unsinnig, weil man ja hinten gar keine Augen hat.

121

GAUNERZINKEN... so bezeichnet man bei gewissen Einkäufern das Geruchs-Organ.

(Ja welches wohl sonst?)

122

Unter japanischen Einkäufern, da findet man Schlitzaugen und Schlitzohren zugleich. Unter bundesdeutschen Einkäufern hingegen findet man Schlitz-Augen fast nie.

123

Für schwäbische Einkaufs-Beschaffungs-Abteilungen wurde jetzt ein Apparat entwickelt, der die kostenintensive Handarbeit ersetzen soll, die immer wieder anfällt, wenn jede Mark vor dem Ausgeben dreimal umgedreht wird.

124

HONEY-MOON: Nach den Flitterwochen beginnen dann schon recht bald die Flatterwochen: Wenn die ersten Ratenzahlungs-Rechnungen ins Haus flattern...

125

Solche Frauen, wie meine Nachbarin... also davon sollte es möglichst Hunderte geben. Doch leider: Es gibt Tausende davon.

126

Erst ging das Geschirr in die Brüche. Und bald darauf die Ehe.

127

Alte Landbriefträger-Weisheit: Solange Hunde bellen, scheißen sie nicht.

128

Sägefische haben eine sinnvolle Daseinsberechtigung eigentlich nur in Venedig: Weil dort 3 Millionen Eichenpfähle unter Wasser stehen.

129

Alte Pessimisten-Weisheit: Man soll den Tag nicht vor der Tagesschau loben.

130

Man HÖRT und SIEHT es deutlich: Auf sämtlichen TV-Kanälen erscheinen sie in über-repräsentierender Vielzahl: Die Sachsen und die Neger. (Ja ist das denn nicht eine ungeheuerliche Benachteiligung z. B. der Schlesier und der Indianer?)

131

Abends im Fernsehen: Viel zu oft ein Bildausfall, doch allzu selten ein Bild-Einfall.

132

Würde zufällig am 24. Dezember eine nationale Katastrophe mit 953 Toten passieren, brauchte man das Fernseh-Programm der nächsten Stunden nicht zu ändern: Denn das ist dann ohnehin schon an trübsinniger Tragik, an zelebriertem Weltschmerz nicht zu übertreffen.

133

Wenn ein Poet im Wiener Kaffeehaus sitzt und seine lustigen Verse schreibt, dann hat er immer wieder die Sacher auf seiner Seite.

134

Die Bayern sind besonders liebe und nette Menschen. Vor allem wenn sie schlafen. Man sollte ihnen viel mehr Schlaf gönnen...

135

"Ich liebe Kritik", **sagte der autodidaktische Masochist. Und das meinte er sogar ehrlich.**

136

SCHNELL, GUT und BILLIG, so lautet das Motto unseres Kundendienstes. Und das bedeutet: Unsere Rechnungen schicken wir SCHNELL, unsere Gewinnspanne ist GUT und unsere Ausreden sind BILLIG.

137

Mit der GARANTIE ist das so: Was garantiert wird, das steht im BGB. Und was nicht garantiert wird, das steht in Ihrer Garantie-Urkunde.

138

Kunden-Behandlung ist in vielen Fällen nichts anderes als eine permanente Kunden-Mißhandlung.

139

Die STARKEN holen sich das Geld von den SCHWACHEN. Und dann holen es sich die SCHLAUEN von den Starken.

140

Ist Ihnen schon mal aufgefallen, daß die meisten Einzelkinder fast völlig ohne Geschwister aufwachsen?

141

Wenn Kinder klein sind, dann zerstören sie alles Mögliche. Erst wenn sie größer sind, dann werden sie vernünftig: Dann zerstören sie nur noch solche Sachen, die ihnen nicht gehören.

142

Bildung und Lebenserwartung: Zuviel wissen, das kann nichts schaden. Es sei denn, man lebt in Chicago.

143

Es gibt sehr viele Möglichkeiten, die persönliche Eigenwilligkeit unter Beweis zu stellen. Am bequemsten in der Rechdschreibung.

144

Geld ist etwas sehr Schönes. Freizeit aber auch. Viel Geld plus viel Freizeit, na das wäre ja noch schöner.

145

Hohes Einkommen ist gut. Genügsame Ehefrau ist besser. Und am besten wäre natürlich: Beides zusammen.

146

SCHNÖDEN MAMMON, so nennen die Leute stets nur jenes Geld, das sie so gerne hätten.

147

Es ist tatsächlich weniger anstrengend, Geld für sich arbeiten zu lassen, als selber für Geld zu arbeiten.

148

Wohlstands-Gesellschaft: Im Jahr 1992 wird jeder Bundesbürger ein eigenes Auto besitzen. Und vielleicht sogar eine eigene Zahnbürste.

149

Ich verstehe die Welt nicht mehr. Aber vielleicht beruht auch dies wieder mal auf Gegenseitigkeit?

150

Seit 29 Jahren gehe ich nun einer Arbeit nach. Und es ist mir immer noch nicht gelungen, sie einzuholen.

151

Manche rechnen mich kurzerhand zur Kategorie der Scharlatane. Und sie merken vielleicht gar nicht, wie sie damit den echten Scharlatanen Unrecht tun.

152

Irgendwann kommt schließlich alles mal ans Tageslicht. Mit Ausnahme der Wahrheit.

153

Bereits mit 17 Jahren habe ich damals meinen MEISTER gemacht. Und zwar: nervös gemacht.

154

Früher wollte ich mal Arzt werden. Aber inzwischen habe ich mir die Sache noch einmal gründlich überlegt. Jetzt will ich Oberarzt werden.

155

Ein Bild sagt mehr als tausend Worte. Ein BONGMOT sagt mehr als tausend Bilder. Das ist nicht übertrieben.

Sondern schlichtweg gelogen.

156

Vermeiden Sie sorgfältig all das, wodurch Sie sich lecherlich machen könnten.

157

Immer näher rückte der Feind. Für die Stadt wurde die Lage immer bedrohlicher. Die Generäle wurden evakuiert. Und bald darauf sogar die Frauen und die Kinder.

158

Wenn der Pfarrer sagt: "Du sollst nicht stehlen... nicht ehebrechen...", **ja betreibt er denn damit nicht eine unzulässige Rechtsberatung?**

159

Der liebe Gott, wie lieb ist der eigentlich? Auch das muß noch geklärt werden. Möglichst noch rechtzeitig vor dem nächsten Erdbeben.

160

Personal-Union: Der Papst, der ist sogar sein eigenes Oberhaupt.

161

Die vorgezogene Altersgrenze sollte nun endlich auch im Vatikan eingeführt werden.

162

Manche meinen zwar, dieser Mann sei konservativ. Wer ihn jedoch näher kennenlernt, der stellt korrigierend fest: erz-konservativ.

163

Schaltet man Heiligabend den Fernseher ein, kommt man zur Erkenntnis: So tragisch-pathetisch wie die Christen die Geburtstage ihres Erlösers "feiern", so wehleidig-ergriffen... da sind ja in anderen Religionen sogar die Beerdigungen ein wenig fröhlicher.

164

Mir geht's gut. Ich bin gesund. Sogar ziemlich gesund. Kaum noch irgendwelche Beschwerden. Bis auf meine Lunge fehlt mir eigentlich gar nichts.

165

"Zigarette? Nein danke. Ich bin strikter Nichtraucher geworden. Vom vierten Lebensjahr an."

166

Achtung Gartenfreunde: Vorsicht! Wenn Ihr Phenol nach Erdbeeren schmeckt, dann sollten Sie sofort das Gesundheitsamt benachrichtigen.

167

Wir leben in einer totalen Wegwerfgesellschaft. Sogar unsere Gesundheit werfen wir fortwährend weg.

168

Man kann ja gegen diese Regierung sagen was man will, aber: Seit wir dort in Bonn diese Frau Antje Huber haben, ist meine schlimme Bandscheibe völlig weg.

169

Aus ihrem reichen Erfahrungsschatz offenbarte die Pediküre jetzt folgende Erkenntnis: "Ein Schweißfuß kommt selten allein."

170

Dieser Land-Admiral de Gaulle, also der hatte ja eine Nase wie ein Einhorn. Nur nicht so zierlich.

171

Die Obduktion hat einwandfrei ergeben, daß dieser Mann ohne diese Obduktion noch etwa 22 Jahre hätte leben können.

172

Konform zur Bergpredigt: Wer dir von deinen beiden Kotflügeln den einen zerbeult, dem zerbeule auch noch deinen zweiten. Oder so ähnlich.

173

Das NEUE TESTAMENT ist ja nun inzwischen auch schon ganz schön alt geworden. Wann vielleicht merkt das endlich mal jemand?

174

So ein Keilriemen, der hat es gut: Der kommt viel rum.

175

Wenn Sie an Ihren Autotüren hinten eine Kinder-Sicherung haben, und dann mal Ihre Schwiegereltern mitnehmen, so werden Sie feststellen, daß sie sich auch als Rentner-Sicherung gut bewährt.

176

An Tankstellen können Sie vieles kaufen. Falls Sie jedoch TREIBSTOFF wünschen, so müssen Sie das ausdrücklich sagen.

177

In einen Zweisitzer passen eigentlich nur ZWEI rein. Oft jedoch beobachtet man in so einem Zweisitzer sogar sex. Vor allem auf Parkplätzen.

178

Dieses Buch ist gewidmet meiner lieben Frau, für die es sicherlich nicht immer leicht ist, mit einem Genie verheiratet zu sein.

179

Aushang am Schwarzen Brett: **Heute haben wir den Herrn Bongardt im Haus. Er hält wieder mal einen seiner wort-gewaltigen Vorträge. Das Rote Kreuz ist bereits benachrichtigt.**

180

Weitere Hinweise auf diese sogenannten BONGARDT-Seminare nimmt jede Polizei-Dienststelle gebührenpflichtig entgegen.

Sämtliche **BONGMOTS**, verfaßt
von Ing. (grad.) Hans Bongardt,
erschienen bisher in 5 Bänden
zu je 180 **BONGMOTS**
im Selbstverlag des Verfassers.

Jeder dieser 5 Bände kostet **8,– DM**
Bei größeren Stückzahlen
(z. B. als Präsente für Geschäftsfreunde)
sind interessante Staffelpreise möglich.

Eine Übersicht über die **seriösen**
Lehrbücher und Seminare
des gleichen Autors
finden Sie
auf den folgenden Seiten →

Und dies sind die BONGARDT-Lehrbücher:

Verfasser: Personal-Trainer Ing. (grad) Hans Bongardt

1. **Mehr Erfolg durch sicheres Auftreten**
   122 Seiten, DIN A 5 (1969) 15,– DM

2. **SEDUKO-Broschüre: Kontakte und Selbstsicherheit gewinnen**
   98 Seiten, DIN A 5 (1981) 12,– DM

3. **Führungs-Leitsätze für Vorgesetzte**
   300 Anregungen und Leitsätze, DIN A 5 (1973) 14,50 DM

4. **So gewinnt man Führungs-Autorität und Durchsetzungsvermögen**
   144 Seiten, DIN A 5 (1969) 18,– DM

5. **Persönlichkeits-Format und Führungs-Autorität des qualifizierten Angestellten**
   500 Anregungen und Leitsätze, DIN A 6 (1972) 11,50 DM

6. **Verhandlungs-Psychologie, Verhandlungs-Taktiken**
   286 Seiten, DIN A 5 (1971) 28,– DM

7. **Erfolgs-Leitsätze der Verhandlungs-Taktiken**
   290 Anregungen und Leitsätze, DIN A 5 (1973) 12,50 DM

(8) **Erfolgs-Leitsätze des Außendienst-Verkäufers**
280 Anregungen und Leitsätze, DIN A 6 (1971) 7,50 DM

(9) **VERKAUFS-Dynamik und geschäftliche KONTAKT-Diplomatie**
680 Anregungen, Leitsätze, Ratschläge DIN A 5 (1981)
26,– DM

(10) **Erfolgs-Leitsätze zur Arbeits-Methodik des qualifizierten Angestellten**
268 Anregungen und Leitsätze, DIN A 6 (1971) 7,50 DM

(11) **Kreativität, Arbeitsmethodik, Berufs-Erfolg des qualifizierten Angestellten**
610 Anregungen und Arbeits-Leitsätze DIN A 5 (1981)
24,– DM

(12) **BOKAM-Heft: Arbeitserleichterung für den Geistesarbeiter**
14 Seiten, DIN A 4 (1972) 5,– DM

( ) **BOKAM-Notizkarten**
DIN A 6, weiß, gelocht je 1000 Stück 18,– DM
(stets plus Porto)

Direkt-Bezug vom Bongardt-Verlag. Alle Preisangaben beziehen sich auf die Jahre 1981/82. – Bei Voraus-Zahlung erfolgt die Zusendung portofrei.

VERLAG ING. H. BONGARDT
5870 HEMER-DEILINGHOFEN
BÄINGSER WEG 50 · TELEFON (02372) 60116
POSTSCHECKKONTO DORTMUND 138055-462

Und dies sind die 14 geschäftsfördernden Fortbildungs-Seminare, die der Fachautor und Personal-Trainer Ing. (grad.) **Hans Bongardt seit 1966 bereits mehr als 600 mal durchgeführt hat, z. B. firmenintern bei etwa 160 Industriebetrieben. Sämtliche** BONGARDT-SƎMINARE **dauern meistens ein bis**

Ⓐ **Verkaufs-Förderung durch aktivierende Verkäufer-Schulung**

Ⓤ̈ **Glaubwürdigkeit und Überzeugungs-Kraft bei der Kundenberatung**
(Spezielles Trainings-Seminar; neu im Programm seit 1980)

Ⓑ **Wie man erfolgreicher verhandelt: Geschäftliche Verhandlungs-Taktiken**

Ⓒ **Geistig mehr leisten:**
Kreative persönliche Arbeits-Techniken

Ⓓ **Führungs-Erfolge durch dynamische Führungs-AUTORITÄT**

Ⓔ **Fortschrittliche und produktive Mitarbeiter-Führung**
(Betriebsklima, Motivation, Leistungsfreude verbessern)

Ⓕ **Geschäftliche Kontakt-DIPLOMATIE:**
Der gewinnbringende Umgang mit anspruchsvollen Geschäftspartnern.

2 Tage. Allein im Essener HAUS DER TECHNIK haben in den Jahren 1967-1977 mehr als 16000 Fach- und Führungskräfte aus ca. 450 Firmen teilgenommen an 185 BONGARDT-SƎMINAREN, die Hans Bongardt auch dort im Alleingang durchgeführt hat. — Dies sind die 14 Seminar-Themen:

(G) **Wege zur kollegialen Zusammenarbeit im Betrieb**

(H) **Wirksamere geschäftliche Korrespondenz**
für Kaufleute und Techniker

(K) **Berufs-Erfolg, Aufstieg, Karriere**
des qualifizierten Angestellten

(L) **Wie Ingenieure, Techniker, Konstrukteure das ERFINDEN lernen können**

(M) **Führungs-Seminar für Industrie-MEISTER**
(Sichere Menschenführung, überzeugendes Durchsetzungs-Vermögen)

(P) **Den STRESS besser bewältigen**
(Nerven und Seele leistungsfördernd entlasten)

(R) **Rhetorik-Trainings-Seminar:**
(überzeugend reden und wirkungssicher auftreten)

Der Fach-Autor und Personal-Trainer Ing. (grad.) Hans Bongardt (geboren 1934 in Berlin) **hat seit 1966 bei mehr als 160 Firmen, Organisationen und**

AEG-Kernforschung Großwelzheim
Robert Bosch GmbH Stuttgart
AEG-Telefunken Frankfurt
Miele-Werke Gütersloh
Moeller Schaltgeräte KG
Multiton Personenrufanlagen
Siemens AG Elektromedizin Erlangen
Stahlwerke Südwestfalen
August Thyssen-Hütte AG
Thyssen Röhrenwerke AG
Hoesch Schmiedag Dortmund
KAPAL Kaiser Preussag Aluminium
Kieserling & Albrecht Werkzeugmaschinen
VOITH-Turbowerk Crailsheim
Flohr-Otis Aufzüge
X. Fendt Ackerschlepper
Neuhaus Hebezeuge Witten
Jungheinrich Hamburg
Dornier-Werk Bodensee
DEKA-Werk Deutsche Kapillarplastik
Merkel Asbest- und Gummiwerke
Citroen Automobile Deutschland
Pirelli Vertriebs-GmbH
Schaeffer-Homberg Wuppertal
Interdomo Heizkesselwerk
Witte-Heiztechnik und Haustechnik
GEA Happel KG Klimatechnik
Bertelsmann Verlagsgruppe
Bremshey Solingen
Leifheit International GmbH
Picker-Roentgen GmbH
Koch & Sterzel Röntgenanlagen
ABC Klinkerwerke
Oldenburger Klinkerwerke
Burton-Ziegelwerke
HUF Fertighäuser
HOLSTEIN-Haus Bezirksdirektionen
von der Wettern Hoch- und Tiefbau
NOE Schaltechnik
Meyer-Keller-Bau KG

Bongardt-Seminare koste